『기적의 숫자 리딩』을
추천하는 글

몸과 마음의 별   는' 새로운
건강법, 마음관   알면 누구나
할 수 있는 초간단 실천법도 놀랄 만하다. 학계의 '고수'들이
참여해 철학적·과학적 체계와 임상 결과까지 내놓고 있다고 하니,
바쁜 생활 속 쉽고 간편한 건강법, 마음관리법을 원한다면 꼭 한번
펼쳐보기를 권한다.

+   조희연   현 서울시 교육감

이 책을 마주하는 순간 우리는 일상적으로 알고 있는 지식체계를
떠나 새로운 세계를 마주하게 될 것이다. 그리고 마음속 깊은
곳에서의 울림을 경험할 것이다. 지적 편견과 오만을 버리고
고요하고 맑은 마음으로 '숫자 리딩'에 집중해보라. 내가 경험한
바에 의하면 마음과 몸의 건강은 내가 집중한 만큼 이루어진다.
나와 주변을 건강하고 행복하게 만들고 싶다면 용기 있게 한번
시작해보기를 바란다.

+   지은희   전 덕성여자대학교 총장

『기적의 숫자 리딩』은 단순히 신체적 장애를 해소하는 건강법이
아니라 삶의 궤도수정을 위한 공식을 말하고 있다. 즉 병만 고치는
치병(治病)의 건강법이 아니라 인생을 고쳐 병을 고치는 자기개발,
인간개발의 방법론을 말한다.

+   배영순 영남대학교 명예교수

'자기 개발'을 위하여 숫자를 읽는다. 이때 읽는 숫자는 우리
몸에서 에너지가 생기고 응축하는 융합반응에 상관하는
상응계수를 수치화한 것이라고 한다. 명상, 요가와 같은 자극
방법이 바로 이 '숫자 리딩'이라고 생각하면 이해가 쉬울 듯하다.
하루 세끼 식사 하듯이 잊지 않고 계속하다 보면 문득 발전된
자기를 발견할 수 있을 것이라 감히 추천드린다.

+   이전우 한국전자통신연구원 빅데이터인텔리전스연구부
    책임연구원·공학박사

건강은 체계다. 그리고 체계를 가장 잘 표현한 것이 숫자다.
『기적의 숫자 리딩』은 신호체계에 기반한 미래적 신(新)의학의
진면목을 보여준다. 우리는 수많은 '소음' 속에서 '신호'를
가려내는 놀라운 체험을 하게 될 것이다. 이 책을 통해 굴곡 많은
인생에서 진정한 '나'를 찾아보기를 바란다.

+   김현철 한양대학교 교육공학연구소 연구교수

숫자만 읽어도 인생이 바뀐다? 과연 그러할까? 사람을 괴롭고 위축되게 만들었던 불면증이, 우울증이, 피부 트러블이 호전되고 낫는다면 그 말은 맞다. 그 답이 궁금하면 이 책의 숫자를 읽어보시라! 그 답을 얻기까지 오래 걸리지 않을 테니.『기적의 숫자 리딩』은 미래의학인 최첨단 신호제어의학이 그 바탕이 되고 있다. 가장 쉽고, 친환경적이고, 생산성 있는 '숫자 리딩'으로 활기차고, 아름답고, 살맛나는 인생을 새롭게 열어가기를 바란다.

+   이윤갑 계명대학교 인문대학 교수

『기적의 숫자 리딩』의 매력은 그 효과를 몸으로 느낄 수 있다는 점이다. 그래서 이 책을 계속해서 읽는 데는 그다지 큰 의지를 필요로 하지 않는다. 신체적으로 느끼는 변화만으로도 충분히 계속해서 읽어갈 동기가 되기 때문이다.『기적의 숫자 리딩』을 읽으면서 우리는 스스로 자신의 몸과 마음의 건강을 지켜나갈 수 있다는 자신감을 갖게 될 것이다. 그리고 이 자신감은 우리의 삶을 하루하루를 더욱 활기차게 만들어줄 것이다.

+   조성겸 충남대학교 언론정보학과 교수

나날이 건강이 악화되고 스트레스 강도가 높아져 가는 이 시대에 삶의 중심을 잡아주는 책이다. 또한 정신적·육체적 건강성을 회복시켜 주는 놀라운 '자기개발 방법론'이라 할 수 있다.『기적의 숫자 리딩』이 우리가 지금 마주한 문제해결과 새로운 차원으로 업그레이드 될 수 있는 길잡이가 되기를 기대한다.

+   김효실 한국정보통신산업연구원 산업정책실장

몸과 마음이 지쳐 있을 때일수록 이 『기적의 숫자 리딩』을
읽어보기를 권한다. '숫자 리딩이 뭐라고… 고작 숫자 읽는 걸로
얼마나 효과가 있겠어?' '걱정이 태산인데, 이런 게 다 무슨
소용이람?' 같은 생각이 당신을 분명 방해할 것이다. 그러나 우선
그런 생각들은 잠시 하나하나 내려놓고, 산에 오르듯 천천히, 한
걸음씩 내딛는 마음으로 차분히 숫자를 읽는 것에만 집중해보라.
바로 그때 당신의 몸과 마음은 자신도 모르게 '힐링'을 느끼게 될
것이다.

+   최석구 씨앤엘뮤직 대표

오랜 시간 나만의 비결처럼 간직해온 숫자 리딩이 이렇게
대중서적으로 세상에 알려지게 되니 감회가 새롭다. 세상은
이제 사물인터넷 시대라고 하지만, 이미 오래 전부터 사람이 곧
인터넷임을 알고 그 언어코드를 완벽하게 해독하여 목적에 맞는
IP주소를 일일이 숫자화해 놓은 차서신호체계연구소의 혜안은
그저 놀라울 따름이다. 사람을 디바이스로 한 완전히 새로운
인터넷 시대가 이 책으로 활짝 열리기를 기대해본다.

+   고광복 세무법인 청솔 대표이사

기적의 숫자 리딩

하루 10분,
읽기만 해도

인생이
바뀌는

**Daily Self
Programming**

**차서신호체계
연구소**

△ngle Books

읽기만 해도 고민이 해결되는
기적의 '숫자 리딩'

+ '숫자 리딩' 샘플을 받고서 아침 이른 시간부터 차분히 읽어내려 갔습니다. 집중하면서 3~4번을 반복해서 읽는 중에 갑자기 정신이 번쩍 드는 느낌이 들었습니다. 동시에 몸에 활력이 돌아오는 것 같았어요. 저는 출근 시간을 앞두고 잠시 틈을 이용하여 읽었는데요, 차를 운전해서 나오는데 항상 피곤에 절어 있던 다른 날과는 달리 잠도 빨리 깨는 듯하고 확실히 컨디션이 좋은 것 같아요. 그래서인지 마음에도 여유가 생겨 온종일 스트레스도 덜했고요. 감사합니다.

　　— 새＊이(직장인)

+ 피곤할 때 10분 정도 자고 일어나도 잠이 잘 깨지 않는데요, 숫자 리딩을 하고 나면 잠깐 자고 일어나도 피로가 확실히 풀려요. 진짜 신기합니다. 학교 칠판이 낡아서 글씨가 잘 안 보일 때도 숫자 리딩을 하고 나서 보면 칠판 글씨가 선명하게 들어와요. 교과서를 봐도 한눈에 텍스트가 쉽게 읽힙니다. 하루에 한 번씩 매일 숫자를 읽는 것이 쉽진 않지만, 숫자 리딩을 하고 나서 공부를 할 때와 그렇지 않을 경우의 차이가 크게 느껴져 매일 읽고 있습니다.

　　— 곽＊원(학생)

+ 항상 신학기가 되면 첫 시간에 학생들에게 숫자를 1분 정도 읽게 합니다. 그러고는 열심히 읽은 아이에게는 슬쩍 교과서를 들이밀어 보는데요, 어떠냐고 물어보면 대부분 시야가 넓어져서 책이 한눈에 들어온다고 합니다. 놀라운 건 '숫자 리딩'을 해본 아이들은 모두 보통 2~3배 정도는 학습능률이 오른다고 말합니다. 이 정도 효과라면 무엇보다 교사나 학부모가 먼저 꼭 체험해보고 아이들과 함께하면 좋을 것 같습니다.

— 이*혁(교사)

+ 처음 '숫자 리딩'을 시작한 건 아이 셋이 초등학교를 다닐 때였습니다. 큰 애는 어려서부터 자주 감기를 앓아와 걱정을 했는데, 이걸 시작하고부턴 병원에 간 적이 없습니다. 둘째 딸은 초등학교 1학년 때부터 큰 애와 함께 시작했는데, 한글을 떼지 않고 학교를 들어간 탓에 받아쓰기를 하면 오십 점을 못 넘어 왔습니다. 그런 애가 숫자 리딩을 시작하고 나서는 항상 백점을 받기 시작하더라고요. 셋째도 일곱 살이 되었을 무렵부터 숫자 리딩을 시켰습니다. 사교육은 학습지도 시켜본 적이 없고, 중학교 때 영어 과외 3년 시킨 게 다인데, 재작년에 아이들이 고려대, 서울대, 포항제철고에 줄줄이 입학을 하니 다들 비결이 뭐냐고 많이 물어보네요. 처음에는 건강을 위해 시작했던 숫자 리딩이 아이들에게 집중력과 인성을 키워준 것 같아요.

— 김*희(주부)

+ 사실 처음에는 잘 느끼지 못했습니다. 그런데 속는 셈치고 꾸준히 하다 보니 마음이 차분하게 가라앉고, 나도 모르게 몸에 들어가 있던 긴장이 풀리게 되었습니다. 그리고 '숫자 리딩'이 점차 익숙해지면서 차츰

얼굴 쪽으로 전기의 흐름 같은 게 느껴졌습니다. 이후 그 느낌이 온몸으로 퍼져나가는 것 같더니 지금은 전체적으로 목소리도 굵어지고, 몸의 중심선도 살아난 것 같습니다. 이제는 '숫자 리딩'이 잘되는 날엔 의식하지 않아도 하루 종일 좋은 컨디션이 유지됩니다. 그런 날은 자고 나서도 개운하고요. 자영업을 하는 처지라 스트레스로 정신도 불안하고 몸도 여기저기 많이 망가져 있었는데, 숫자 리딩을 하고 나서는 불면이나 속쓰림, 소화불량 같은 것들이 없어졌습니다.

— 양＊기(자영업자)

+ 주변에서 집중력과 기억력에 효과가 좋다고 하여 학부모들과 함께 한번 체험해보자고 했습니다. 회의가 끝난 후 어머니들 세 분께 읽는 요령을 가르쳐 주고 5분 정도 잠시 자리를 비웠다 돌아와 "어때요?"라고 물으니, 눈 주위가 굉장히 아프고 머리도 모자를 쓴 것처럼 묵직한 느낌이 든다고 해서 조금만 더 읽어보자고 했습니다. 그런데 놀라운 건 시간이 지날수록 눈 주위가 시원해지더라는 거죠!

학부모 중 한 분은 최근에 가게를 인수해서 운영하다 보니 직원 관리 때문에 스트레스도 많이 쌓이고 눈도 피곤하고 침침했는데 정말 큰 효과를 보셨다고 하네요. 읽을 때는 아프고, 안 읽을 때는 통증이 적어지다가 다시 읽으니 또 아프고……. 이런 느낌이 여러 차례 반복되다 보니 통증이 완전히 사라지고 눈이 시원해졌다고 합니다.

— 김＊훈(교사)

+ 전북 군산에 살고 있는 여섯 살 난 남자아이의 부모입니다. 지인의 소개로 '숫자 리딩'과 차서사이트를 접하게 되었습니다. 그런데 한 가지

신기한 일이 있어서 리뷰를 남깁니다. 저희 집 아이가 말을 늦게 하는 편입니다. 어린이집 다닐 때 다른 아이들에게 약간의 놀림을 받은 후 어린이집을 가기 싫어하고, 그 이후 말을 아예 안하는 버릇이 생기면서 다른 아이들과 어울리며 말하는 것을 꺼려하는 것 같았습니다. 그런 아이가 같은 또래의 아이들이 숫자 리딩을 하는 소리를 몇 번 듣더니만 신기하게도 활동이 왕성해지면서 옹알거리는 횟수가 눈에 띄게 늘더라고요! 지금도 옆에서 옹알거리면서 열심히 얘기합니다.

아이가 아직 수를 읽지 못해 엄마가 읽어주고 있습니다만 별 부담 없이 듣고 따라하는 아이의 모습이 대견스럽기만 합니다. 열심히 한번 해보도록 하겠습니다.

　　　—이＊용(직장인)

\+　　임신 2개월째입니다. 둘째인데도 유독 입덧이 심한 편입니다. 달리 방법도 없고 해서 그냥 버티고 있던 차에 이웃의 소개로 '숫자 리딩'을 해보았습니다. 처음엔 반신반의하면서 아무 생각 없이 해봤는데, 다음 날 의례히 나와야 할 입덧이 나오지 않기에 '이게 무슨 일인가?' 하며 고개만 갸우뚱하고 있습니다. 찌뿌둥하던 몸도 개운하구요. 이토록 빠른 효과라니요! 현재 숫자 리딩을 한지 7일째입니다. 임신기간 중에는 복용할 약이 마땅치가 않아 하찮은 감기에도 무척 고생을 하곤 했는데, 여하튼 여러 가지로 걱정을 덜었습니다.

　　　—박＊점(주부)

\+　　지난 토요일에 대구에서 '숫자 리딩'에 관한 사용법과 효과에 대해 들었는데요, 갓난아기들이 잠을 안자고 보챌 때, 숫자 코드를 들려주니

효과가 있었다는 이야기였습니다. 그 자리에서 장모양의 모친이 이런 말씀을 하시더군요. "우리 아가는 '숫자 코드'를 읽어주면 보채다가도 방긋 방긋한다."고요. 숫자 코드를 읽어주면 5분도 되지 않아 바로 잠이 든다고 합니다. 고충을 치료하는 숫자 리딩이 갓난아기들의 자장가 역할도 톡톡히 하는 것 같습니다.

　　—**허＊철(직장인)**

＋　　불면증과 변비로 오랫동안 고생하시는 분께 '숫자 리딩'을 권해드리면서 그 질환에 해당하는 부위를 손으로 15분 정도 눌러드린 후 시간이 날 때마다 매일 읽으라고 하였습니다. 일주일 뒤 다시 찾았을 때, 깜짝 놀랐습니다! 반겨주시는 얼굴이 엄청 환하게 바뀌어 있더라고요. 변비와 불면증 때문인지 얼굴빛이 늘 거무죽죽했는데, 마치 허물 벗겨지듯이 이마와 눈, 코의 정중앙 부분부터 뽀얀 속살이 드러나더군요.

　　"열심히 읽으신 것 같네요." 했더니, 손을 주무르며 숫자 리딩을 한 날 저녁부터 정말 잠을 편하게 자게 되었다면서 다음 날 변비도 한 번에 해소되었다고 하시더군요.

　　—**이＊택(한의사)**

차례

DAILY SELF
PROGRAMMING

숫자 리딩의 비밀,
정말 숫자만 읽어도
바뀔 수 있을까?

'20'1 1'1 6 8
3 0 9 4 9 2 4
5'2 0 3 7'2 3

뛰어난 오감을 만드는
패턴이 있다면?

우리는 어렴풋이 오감의 정확도와 발달 정도가 사람의 가장 기본적인 (학습/업무)능력을 보여준다는 것을 알고 있다. 가령 야구선수의 경우, 눈(선구안)이 좋은 타자는 쳐야 할 공과 골라내야 할 공을 정확히 구별하여 타자로서의 타격 능력을 높인다. 목소리와 표정으로 상대의 감정 상태와 의향을 파악해야 하는 점원에게는 예민한 청각과 시각적 능력이 필요할 테고, 유능한 조리사가 되기 위해서는 섬세한 미각이 필수적이다. 이처럼 오감은 사람이 가지고 있는 일반적인 다섯 종류의 감각을 지칭하지만, 오감의 발달 정도는 (하나의 능력으로써) 사람마다 선천적·후천적으로 상당히 큰 편차를 보이게 된다.

오감이 받아들이는 감각 정보는 뇌의 '연합영역'과 연결되어 사람에게 '어떤 생각'을 일으키도록 작용한다. 눈으로 본 장면은 시신경을 타고 후두부의 시각영역을 거쳐 연합영역과 뇌의 여러 부위를 돌아 생각으로 전달되고, 우리는 그 생각을 기준으로 하여 판단하고 행동한다. 뇌에서 오감정보를 처리하는 각 영역의 신경다발들은 엄청나게 많다. 그러나 이 신경다발은 생성된 상태 그대로를 계속 유지하는 것이 아니라 살아 있는 동안 끊임없이 생성과 소멸을 반복한다. 인간의 능력과 삶의 질은 그 연결망(connectome)의 상태에 따라 완전히 달라진다.

여기서 주목할 점은, 특정 영역의 연결망은 '특정한 패턴'으로 반복되는 자극을 통해 활성화가 가능하며 이는 '특정한 정보'를 받아들이고 저장-계산-결정-해석하는 일련의 프로세스를 효율적으로 작동시킬 수 있다는 것이다. 즉 체계적인 패턴 학습을 통해 두뇌뿐만 아니라 신경계와 호르몬 등의 영향을 받는 몸 전체를 발달시킬 수 있다.

오감(五感)이
오장육부를 움직인다

다섯 가지 기관으로 정보를 수집하는 오감(五感)은 인간 생존에 필수적인 능력으로써 외부 세계와 소통할 수 있는 일종의 '문(門)' 역할을 한다. 이 문을 통해 우리는 다섯 종류의 기본적인 정보(색과 모양, 소리, 향기, 맛, 감촉)를 받아들이는데, 그 방식과 정도는 성격과 기질 등에 따라 크게 달라진다. 즉 오감에는 개개인의 정서와 성향 등 고유한 특성이 반영되어 있어 같은 소리라도 사람에 따라 다른 느낌으로 전달될 뿐 아니라 듣는 시점의 감정상태(분노, 슬픔, 기쁨, 공포, 고민 등)에 따라서도 전혀 다르게 해석된다.

오감은 사람의 정서와 밀접한 연관성이 있다. 소음에 반복적으로 노출되면 그 사람의 감정은 거칠어지며, 거친 정서상태가 계속되면 사소한 일에도 평소보다 훨씬 쉽게 분노하게 된다. 반면에 짜임새 있게 잘 만들어진 음악은 흥분된 감정을 가라앉히며 정서적으로 차분한 상태에서는 행동에 실수가 적다. 늘 차분한 정서를 함양한 사람의 자세와 태도는 믿음직스럽고 성실하다. 또한 슬픔에 잠겨 있는 사람에게 산뜻한 음악 한 곡은 새로운 희망을 불러일으킨다.

인체에는 의식적인 명령 없이도 신체기능이 자율적으로

유지되는 시스템(자율신경계)이 있다. 대표적으로 우리가 '오장육부'라고 부르는 내장기관들이 서로 주고받는 신호전달체계가 그러한데, 이들은 인간의 의식적 행위보다 앞서 말한 잠재적인 감정조건에 의해 더 큰 영향을 받는다. 가령 스트레스를 얼마나 받느냐에 따라 우리 몸의 심장박동, 호르몬의 분비, 장운동의 활성도 등이 곧바로 연동되어 변화하는 것이다.

그럼, 패턴화된 오감 자극을 통해 우리 몸에 일정한 조건과 환경이 만들어진다면 어떤 현상이 발생할까? 당연히 오장육부의 기능 중 특정 장부의 기능이 항진되거나 저하되지 않을까?

삐뚤어진 오감 회로가
병을 만든다

한번 감각한 정보는 신경회로를 타고 두뇌 속에 들어갔다가 '생각과 판단'을 거쳐 '신체행동'으로 표출된다. 이러한 감각과 사고, 판단과 행동의 패턴이 저항 없이 일관된 것, 즉 오감 회로가 반듯한 것을 '건강(健康)하다'고 한다. 그러나 우리 몸은 새로운 것을 배우고 익혀갈 때 기존에 굳어진 '관습'에 늘 방해받는다. 즉 끊임없이 감각되는 새로운 정보들은 습관화된 두려움, 고정관념, 편견 등으로 인해 왜곡된 형태로 신경계에 전달되는 것이다.

똑같은 대상을 보아도 유독 자신에게만 부정적으로 보이는 대상이 있다면, 그로 인해 발생되는 삐뚤어진 생각과 행동 패턴, 다시 말해 '불건강한 오감습관'이 만들어낸 왜곡된 정보가 무한한 패턴으로 복제되어 지금도 신체 곳곳에 침투되고 있다. 그리고 그것은 결국 우리 신체의 모든 '불건강(질환/고충)'의 원인으로 자라나게 된다.

자, 그렇다면 어떻게 해야 잘못된 오감 회로를 건강하게 만들 수 있을까? '감각하고, 생각하고, 판단하고, 행동하는' 우리 몸의 정보회로가 저항이나 굴절 없이 반듯해질 수 있는 방법이 과연 존재할까?

원숭이 실험,
'숫자 리딩'을 이루는 코드의 비밀

토호쿠 대학 대학원 의학계 연구과의 무시아케 하지매 전 교수(생체 시스템 생리학) 등의 연구 그룹은 영장류의 뇌 실험을 통해 숫자에 따라 각각 다르게 반응하는 '뇌 부위'와 '뇌세포 집단'이 존재한다는 연구결과를 발표한 바 있다. 뇌의 학습능력과 그 메커니즘을 연구하는 과정에서 숫자를 학습할 수 있도록 원숭이를 훈련시키고, 두뇌에 센서를 부착해 그 학습과정을 관찰했더니 어떤 뇌 부위는 4라는 숫자에만, 또 어떤 뇌세포는 3회째의 동작 때만 신호를 발생시키는 등 특정한 뇌세포와 숫자, 횟수 등이 밀접하게 관계하고 있다는 것을 밝혀낸 것이다. 또한 이들은 원숭이를 이용한 실험에서 숫자 0(제로)에 강하게

일정한 숫자에 반응하는 원숭이의 뇌

반응하는 뇌세포가 있다는 것을 세계 최초로 발견했다.

이 연구 결과는 '숫자로 매개하는 인식체계'가 달라지면 신경계에도 전혀 다른 자극과 반응이 이루어진다는 것을 보여준다. 또한 '제로' 개념 같이 수학에서 특별한 의미를 갖는 숫자가 사람뿐 아니라 고등 언어가 없는 영장류에게도 태생적이고 본능적으로 존재한다는 것을 시사한다. 이는 인간이 어떻게 수를 매개로 하여 자신과 세상을 통합적으로 이해하는가를 알 수 있는 지점에까지 그 맥락이 닿아 있다.

12개의 숫자가 보여주는
생체 파동

신경계에도 전체 신경계를 통제하는 센트럴타워가 있듯 인체의 모든 기관에는 해당 계통기관을 통제하고 제어하는 각각의 중심축이 존재한다. 또한 그 중심축들은 동양에서 '경락(經絡)'이라고 부르는 제3의 생체에너지장에 의해서 끊임없이 정보를 주고받는다. 이렇게 신체 각 기관의 중심축과 영향을 주고받으며 특정 상황이나 조건에 따라 왜곡될 수 있는 오감회로를 바로잡아 주는 것이 바로 '숫자 코드(경락조율계수)'다. 생명체를 구성하는 대부분의 유전정보 역시 이러한 코드 배열에 따라 끊임없이 재배열된다.

숫자 코드는 동양의학, 그리고 최근 집중적으로 연구되고 있는 브레인 커넥톰 신경과학과 후성유전학 등의 원리를 바탕으로 탄생되었다. 23쪽의 그림은 1부터 12까지의 숫자를 우리가 정확하게 인식했을 때 우리 몸에서 나타나는 신체반응상태를 디지털코드와 신호파형으로 표기한 것이다. (이와 관련된 이 정도의 연구성과는 차서신호체계연구소가 세계 최초 일 것이라 자부한다.)

우리가 듣는 음악, 우리가 보는 영상은 모두 특정 신호와 파장들의 무수한 배합과 복제로 이루어져 있다. 인간의 오감회로 역시 이 같은 신호들의 체계적인 구성과 배합을 통해 새로운 신경회로를 만들어낼 수도 있고, 왜곡된 신호 정보를 바로잡을 수도 있다.

숫자 코드	신호 파형	디지털코드
1		01111
2		00111
3		00011
4		00001
5		00000
6		10000
7		11000
8		11100
9		11110
0		11111
'1		010101
'2		001100

생리기전 활성화 장치를 통해 본 숫자 코드와 생체 파동

우리가 모르는 사이에
일어나는 변화

　무언가를 개선하기 위한 노력들은 대개 신체의 구조적·기능적 측면에 직접 관여하는 것들이다. 가령, 불면증을 앓고 있는 사람들은 베개, 침대, 이불 등을 바꿔보거나 수면제를 먹고, 다이어트를 하려는 사람들은 땀을 흘리는 운동을 하거나 식사량을 줄여보는 식이다. 이러한 노력은 그것이 무엇이든 해당 고민에 직접적으로 개입하는 행위이기 때문에 투여한 노력만큼 신체에 저항과 부작용을 발생시킨다. 인간의 신체는 비록 그것이 비정상적인 상태라 할지라도 항상 이전의 적응상태로 되돌아가려는 강한 관성력을 가지고 있기 때문이다. 무리한 운동이나 다이어트가 반드시 그만큼의 허탈감과 요요를 불러오

는 것 역시 그런 이유다.

이와 다르게 숫자 리딩은 해당 숫자 배열을 반복적으로 읽는 행위를 통해 우리 몸의 인지회로가 재배열되는 데에만 상관할 뿐, 특정 고민에 해당하는 신체의 구조 및 기능 상태와는 어떠한 직접적 연관성이 없다. 가령 수면장애라면 '수면'이라는 본래적 행위에 우리 몸이 어떻게 반응하며 학습하고 있는가라는 사실에만 관여할 뿐, 불면을 치료하려 하거나 수면상태를 개선하려 하지 않는다는 의미다.

역설적이지만 불면을 치료하려고 애쓰지 않아야 불면은 완벽하게 치료될 수 있다. '잘 자는 상태'를 몸이 학습하는 것이

중요하지, '불면'이라는 불편한 상태를 개선하려고 하면 할수록 그 또한 그만큼의 왜곡된 정보가 들어가는 것이다.

원래부터 잘 자는 신체의 신호상태를 우리 몸이 학습하는 것이 진정한 치유다. 숫자 처방은 익숙해지면 이내 그 효과가 급격히 사그라져 버리는 여타 다른 노력 행위들과는 그 작용방식이 전혀 다르다. 운동은 하면 할수록 더 큰 자극을 주어야 하고 약은 먹으면 먹을수록 더 강한 약을 먹어야 효과를 느끼지만, 숫자 리딩은 몸에 익숙해질수록 더욱 더 크고 강력한 효과를 발휘한다.

수면 디톡스부터 뷰티까지
숫자 리딩의 효과

신진 전문의과학연구진과 한의사들이 20년 넘는 연구를 통해 발견한 이 '숫자처방서'는 독자의 편의를 위해 30일을 주기로 재정리했다. 하루에 한 쪽, 매일 반복하여 학습한다면 우리 몸은 자율신경계를 통해서 저절로 해당 숫자 코드에 담긴 처방 구성에 관련된 신경망을 구축시킬 것이다.

찌뿌둥한 아침　불면증은 뇌 신경전달물질의 조절장애로 인해 뇌가 지나치게 각성된 것으로, 수면과 각성을 조절하는 시상하부와 뇌

간망상체의 상호 신호전달에 문제가 발생한 것이다. 깊은 잠을 위해 읽는 숫자는 수면-각성 조절 시스템이 안정화될 수 있는 핵심코드로, 숙면을 방해하는 버그를 제거해주는 효과가 있다.

스트레스　과도한 스트레스는 긴장할 때 생성되는 호르몬의 과잉을 초래한다. 이는 교감신경계를 지속적으로 자극하여 인체를 더욱 예민하게 하고, 사소한 것에도 스트레스를 받는 악

순환을 만들게 된다. 스트레스에 읽는 숫자는 스트레스 호르몬의 생성 및 분비를 조절하고 교감신경계를 안정적으로 조율하는 핵심코드

로, 외부 자극에 우리 몸이 알맞게 반응할 수 있도록 유도해준다.

집중력과 기억력 건망증을 자주 깜빡깜빡 거린다고 하듯이, 학습을 주관하는 뇌신경회로의 전류가 약해질 때 건망증이 잘 발생한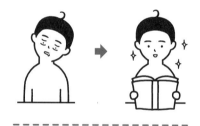

다. 특히 집중하지 못하고 산만할 경우 전류가 학습회로를 벗어나 건망증이 쉽게 발생한다. 건망증에 읽는 숫자는 회로 밖으로 세어나가는 전류를 잡아주는 핵심코드로, 기억작용에 필요한 학습회로의 전류를 지속적으로 유지할 수 있도록 도와준다.

눈과 몸의 피로 눈은 인체 중 신경과 혈관이 가장 밀도 있게 형성된 기관으로 섬세한 안구 운동과 시지각 작용을 가능하게 한다. 시력 저하에 읽는 숫자는 눈 곳곳에 분포된 미세혈관에까지 혈액과

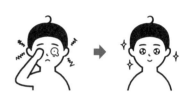

영양분을 공급하고 노폐물을 제거하는 핵심코드로, 시각 정보가 왜곡 없이 온전하게 두뇌로 전달되도록 만든다. 더불어 떨어진 시력을 회복시켜 피로감을 덜어준다.

뷰티와 트러블 건강한 피부는 28일을 주기로 새롭게 재생된다. 피부는 인체 가장 바깥에 있는 만큼 손상되기 쉽기 때문에 피부재생능

력이 저하되면 탄력이 줄어들고 거칠어지거나 트러블이 발생한다. 피부에 읽는 숫자는 피부재생주기를 바로잡아 주는 핵심코드로, 별도의 화학제품 없이도 자연스럽게 피부조직이 재생될 수 있게 도와 보다 생기있고 밝은 피부톤을 유지하게 해준다.

함께 효과를
볼 수 있는 고민들!

치매와 인지장애를 일으키는 수많은 원인들 중 가장 연관성이 높은 질병요인이 바로 수면장애다. 모든 질병은 일정한 계통을 가지고 서로 긴밀하게 연결되어 있는데, 하나의 질환을 제대로 다스리면 그와 연관된 여러 고민들 역시 자연스레 함께 개선될 수 있다.

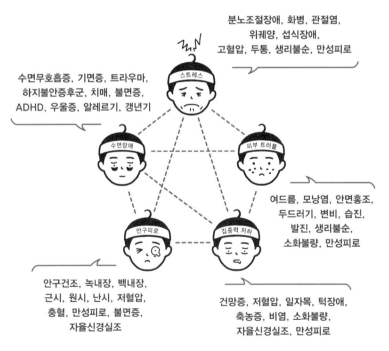

★

어렵지만 알고 가면
좋은 지식

**12개의 숫자는 우리 몸에 어떻게
반응할까?**

차서신호체계연구소의 숫자 코드는
지구촌 생명체라면 누구에게든 영향을
주는 우주 천문 지리학적 기상 절기의
변화, 인체 생리 물리학적 오운 육기
오행 등의 변화, 천체 운행 및 구성학,
28수(宿) 조석간만(潮汐干滿)의 변화 등
제반 인력관계를 종합적으로 반영하였다.
더불어 사람의 몸과 마음에 관련한 유식학,
신경과학, 후성유전학 등 동서양의
인지과학적, 생명공학적 연구성과를
바탕으로 치밀하고 정확한 체계를 잡았다.

모든 생명체는 감각하고 운동하는 고유의 시스템을 가지고 있습니다. 인체 역시 감각신경계와 운동신경계가 서로 전기적, 화학적 에너지를 주고받으며 활동합니다. 에너지가 활동한다는 것은 여기와 저기 사이, 이때와 저때 사이에 일정한 '차이'가 존재한다는 것입니다. 전기에너지 역시 끊임없는 '전위차'가 존재하기 때문에 전류라는 리듬과 전압이라는 강도가 발생하는 것입니다. 즉 세상에 존재하는 모든 에너지는 일정한 '위차(位次)'를 매개로 하여 순환합니다. 이 매개단위가 바로 '숫자'입니다. 감각에도 일정한 밀도가 존재하고, 운동에도 일정한 리듬이 존재합니다. 상황마다 설정되는 표준단위가 다를 뿐 우리는 1만큼 아픈 것과 3만큼 아픈 것의 차이를 감각할 줄 알고, 4번째 동작과 6번째 동작을 연속적으로 운동해낼 줄 압니다. 또한 서울에서 부산까지 기차로는 몇 시간을 운동해야 하고, 자동차로는 몇 시간을 운동해야 하는데, 기차운임은 얼마로 감각되고, 자동차 운행경비는 얼마로 감각되는지 둘 사이를 숫자로 비교하고 선택해낼 줄 압니다. 이처럼 숫자는 모든 양적, 질적 에너지 단위들을 매개·연산하여 인체가 '감각-운동-인지-기억' 할 수 있는 전체 회로를 구성하는데 가장 결정적인 역할을 하는 핵심 언어코드입니다.

+ 12개의 숫자와 12경맥 12장부와는 어떤 관계가 있나요?

세상에 존재하는 모든 센서(sensor, 반응물)는 '수신기(receptor)-변환기(transistor)-증폭기(capacitor)'라는 하나의 모듈(module)로 구성되어 '입력(input)-제어(control)-출력(output)'값을 산출하는 피드백 시스템으로 기능합니다. 예컨대 마이크에 대고 '소리'라는 압력이 가해지면 압력을 진동판이 감지하여 전기신호로 변환하고 이것이 최종적으로 오디오 신호로 출력되는 것처럼, 인체가 12개의 숫자를 '인지적인 압력'으로 수신했을 때에도 각각의 신호에 대응하는 변환장치와 증폭장치가 존재합니다. 12개의 숫자별 변환장치를 12경맥(經脈)이라 하고, 증폭장치를 12장부(臟腑)라고 하는 것입니다. 가령 1이라는 신호가 수신되면 '수태음(手太陰)'이라는 계통의 전자기회로를 통해 1차 변환되며 이는 다시 폐장(肺臟)의 대사활동을 중심으로 신경전달물질 등을 통해 인체 전반에 화학적으로 증폭됩니다. 컴퓨터가 0과 1이라는 2진법 체계를 언어로 하여 사고하고 행동하듯이, 인체라는 고등 생명체는 0부터 12에 이르는 13진법 체계를 바탕으로 하여 모든 생명 활동을 영위하는 것입니다.

12개의 숫자 코드와
경맥(經脈)의 상관관계

숫자 코드	경맥	생리활동	반응점 라인
1	수태음 手太陰	호흡기계통	가슴부터 엄지손가락까지
2	수양명 手陽明	배설기계통	약지손가락부터 코 부위까지
3	족양명 足陽明	소화기계통	코 부위부터 두 번째 발가락까지
4	족태음 足太陰	내분비계통	엄지발가락부터 심장 부위까지
5	수소음 手少陰	순환기계통	심장부터 새끼손가락까지
6	수태양 手太陽	림프기계통	새끼손가락부터 눈 안쪽까지
7	족태양 足太陽	비뇨기계통	눈 안쪽부터 새끼발가락까지
8	족소음 足少陰	생식기계통	발바닥부터 가슴까지
9	수궐음 手厥陰	심혈관계통	가슴부터 가운데손가락까지
0	수소양 手少陽	뇌신경계통	네 번째 손가락부터 눈 바깥쪽까지
'1	족소양 足少陽	골관절계통	눈 바깥쪽부터 네 번째 발가락까지
'2	족궐음 足厥陰	근면역계통	엄지발가락부터 횡격막 부위까지

★

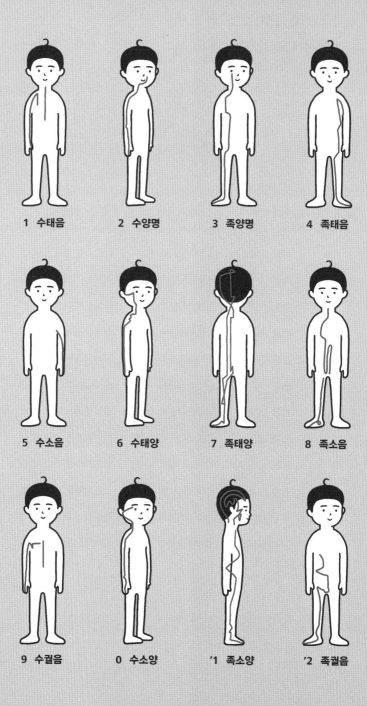

1 수태음   2 수양명   3 족양명   4 족태음

5 수소음   6 수태양   7 족태양   8 족소음

9 수궐음   0 수소양   '1 족소양   '2 족궐음

12개의 숫자 코드와
장부(臟腑)의 상관관계

숫자 코드	생리체계	주관 능력	생활습관
1	폐장 肺臟	모방학습능력 相傅	계획성과 절제력 治節
2	대장 大腸	정보전달능력 傳導	호기심과 적극성 變化
3	위장 胃腸	정보저장능력 倉廩	독창성과 표현력 五味
4	비장 脾臟	비판학습능력 諫議	다양성과 협상력 知周
5	심장 心臟	자기주도능력 君主	긍정성과 예측력 神明
6	소장 小腸	인지수용능력 受盛	배려심과 적응력 化物
7	방광 膀胱	범주설정능력 州都	실천력과 인내력 津液
8	신장 腎臟	행동추진능력 作强	치밀함과 정교함 技巧
9	심포 心包	관계구성능력 臣使	실용성과 편리함 喜樂
0	삼초 三焦	연역추리능력 決瀆	노련함과 지속성 水道
'1	쓸개 膽腑	오류수정능력 中正	결단력과 회복력 決斷
'2	간장 肝臟	전략수행능력 將軍	사고력과 전환력 謀慮

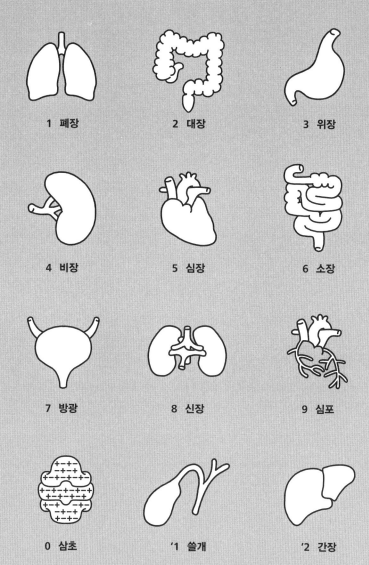

1 폐장

2 대장

3 위장

4 비장

5 심장

6 소장

7 방광

8 신장

9 심포

0 삼초

'1 쓸개

'2 간장

언제, 어디서나,
하루 한 장!

　'숫자 리딩'은 쉽고 간편하다. 남녀노소 누구든 숫자만 읽을 줄 알면 할 수 있고, 언제든 어디서든 할 수 있다. 또한 격렬하게 신체를 쓰는 일반적인 운동법들에 비해서도 숫자 리딩은 신체 대사량과 대사율이 매우 높다. 화석연료를 써서 물을 끓이는 것보다 전기포트로 물을 끓일 때 훨씬 더 적은 에너지로 짧은 시간에 격렬한 반응이 일어나는 것을 볼 수 있다. 우리가 하는 일반적인 운동법들이 여전히 신체의 화석연료활동을 통한 에너지 대사에 머물러 있다면, 숫자 코드를 활용한 읽기 훈련은 신체의 전기적 에너지를 결합시키고 활성화시키는 초고효율의 에너지 대사활동이다. 따라서 숫자를 집중해서 읽는 것만으로도 격렬한 운동을 한 것 이상으로 신체 곳곳의 혈액순환을 촉진하고 심폐기능 및 근력을 강화하며 면역력을 높여줄 수 있다. 나아가 전자기적 합성을 통해 지금 나에게 필요한 신체에너지를 융합하고 생기(生氣, 새로운 에너지)를 응축하는 작용과 효과까지도 기대할 수 있다. 매일 숫자를 집중해서 읽어주는 것만으로도 육체와 정신의 탄력과 밸런스를 복원해나갈 수 있다는 것이다.

이렇게 읽어라,
숫자 리딩법

그렇다면 어떤 숫자를, 어떻게 읽어야 할까? 1, 2, 3……. 무작정 아무 숫자나 머릿속에 떠오르는 대로 읽어내려 가면 될까?

본래 기본적인 숫자 코드는 365일, 각 고민별로 최적화되어 있는 날짜별 코드로 이루어져 있다. 그러나 여기서는 언제 어디서든 쉽고 간편하게 활용할 수 있도록, 30일을 주기로 하여 반복하였을 때 인체 신호체계의 오차가 최적으로 조율될 수 있도록 복잡한 함수과정을 거쳐 별도의 수리값으로 산출하였다.

출퇴근 시간, 아침 기상 시간, 잠들기 전 등 적어도 하루에 10분 이상 집중력 있게 반복해서 숫자 코드를 읽어보자. 그날의 숫자 배열을 노랫말처럼 쉽게 흥얼거릴 수 있을 정도로 읽으면 더욱 효과적이다.

마치 꿈속에서
1등 당첨 로또 번호를
본 듯한 집중력으로!

기본 자세

준비물
『기적의 숫자 리딩』,
메트로놈이나 타이머(60박 기준)

시선은 최대한 몸의 내측
정중앙에 가깝게 하여
한 점을 응시한다고
생각하고,

숫자에만 집중한다.

턱이 들리지 않도록
살짝 당긴다.

허리를 곧게
세우고,

왼손을 위로 하여
양손을 가볍게
마주 잡고,

왼손 엄지손가락의
가운데 관절을
명치 부위에 살짝
가져다 댄다.

안정적인 자세로 자리를 잡고 앉는다. 가급적 허리를 최대한 세울 수 있도록
결가부좌 자세로 앉는 것이 좋다. 곧게 뻗은 척추 라인을 타고
나에게 필요한 숫자 정보가 뇌와 신체 전체에 전달된다고 상상해보자.

숫자 발음

1	2	3	4	5	6
일	이	삼	사	오	육

7	8	9	0	'1	'2
칠	팔	구	공	일일	일이
			'영'이 아님	빠르게	빠르게

- example -

'1	'2	9	1	5	4	4
일일	일이	구	일	오	사	사

1	9	2	9	2	'2	'2
일	구	이	구	이	일이	일이

0	4	4	1	1	5	'2
공	사	사	일	일	오	일이

HOW TO ❶

언제?

- 최소한 아침에 일어나서 10분, 자기 전 10분 동안은 집중해서 읽는 것이 가장 좋다.
- 아침에 떠듬떠듬 읽은 21자리 숫자가, 밤이 되면 안 보고도 술술 나올 수 있도록 해보자.
- 스트레스나 시력, 불면증이나 트러블 등 하루에 2개 이상의 숫자 처방을 읽는다고 해도 숫자가 작용하는 방식은 반감되거나 서로 충돌하지 않는다.

어디서?

- 숫자 리딩이 가능한 곳이면 어디든지 좋다.

HOW TO ❷

어떻게?

- 첫째 줄부터 좌에서 우로, 그리고 둘째 줄, 셋째 줄까지 최대한 일정한 속도로 머리에 코드를 하나하나 입력하듯이 또박또박 물 흐르듯 읽는다.

- 초보자는 메트로놈을 60박으로 맞춰 놓고 한 박자에 한 숫자씩 맞춰 읽으면 정확하게 읽을 수 있다.

- 가급적 한 줄 7자리 숫자는 한 호흡으로 읽는다. 점점 익숙해지면, 21자리 숫자 모두 한 호흡으로 읽을 수 있으면 좋다.

- 어느 정도 숫자 읽기가 익숙해지거나 속도감을 원한다면 72박, 81박, 108박의 순서로 속도를 올려가며 읽을 수 있다.

- 초보자는 소리 내어 읽을수록 좋다. 대신 목소리의 높이와 성량은 차분하고 일정하게 유지한다.

- 쉽게 집중력이 흐트러지거나 소리 내어 읽는 것이 여의치 않을 때는 자신이 읽은 소리를 녹음하여 듣거나 그 소리를 따라 생각으로만 읽어도 된다.

- 바른 자세로 앉아 읽는 것이 가장 좋지만 서 있거나 누워 있거나 걸을 때에도 언제든 생각나면 숫자 코드를 읽어보자.

DEEP SLEEP

수면 디톡스,
깊은 잠과
상쾌한 아침을 위한 코드

찌뿌둥한 아침

불면증은 뇌 신경전달물질의 조절장애로
인해 뇌가 지나치게 각성된 것으로, 수면과
각성을 조절하는 시상하부와 뇌간망상체의
상호 신호전달에 문제가 발생한 것이다.
깊은 잠을 위한 숫자는 수면-각성 조절
시스템이 안정화될 수 있는 핵심코드로,
숙면을 방해하는 버그를 제거해주는 효과가
있다.

효과를 10배 이상 높이는 터치 포인트

숫자를 읽기 전에 하단의 세 점혈을 자극해주자.
좌우는 구별없이 자극해주면 되고,
방법은 손가락으로 자주 눌러주거나 자석밴드나 일반 스티커,
혹은 셀로판테이프 등을 붙여도 상관없다.

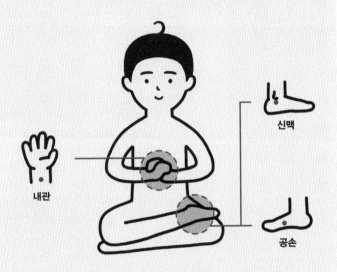

'1 '2 9 1 5 4 4

1 9 2 9 2 '2 '2

0 4 4 1 1 5 '2

4 '2 '1 0 8 4 5

6 9 4 6 5 '2 1

3 4 6 0 4 5 1

7 0 4 2 3 4 '1

9 7 9 0 '2 '2 7

6 2 '1 2 '1 5 7

2 4 3 4 8 8 8

4 1 8 '2 5 4 4

1 8 0 4 4 9 4

2 8 9 8 4 '1 5

4 5 2 4 1 7 1

1 '2 4 8 '2 '2 1

4 '2 3 8 5 3 1

6 9 8 4 2 '1 9

3 4 0 8 1 4 9

9 9 '2 6 2 7 9

'1 6 5 2 '1 3 5

8 1 7 6 0 8 5

9 1 0 '1 2 6 5

'1 0 3 7 '1 2 1

8 5 5 '1 0 7 1

1 3 0 4 '1 2 4

3 '2 3 '2 8 0 '2

'2 7 5 4 7 3 '2

4 '2 4 1 7 2 '1

6 9 9 9 4 0 7

3 4 '1 1 3 3 7

그것이 알고 싶다!

전문가에게 묻는 Q&A

언제, 얼마나 하는 게 가장 효과적인가요?

기본적으로 다다익선(多多益善)입니다만, 습관을 들이기에 좋은 시간을 꼽자면 아침에 일어났을 때, 그리고 밤에 자기 전에, 각각 최소 10분 이상 매일 읽는 것이 가장 효과적입니다. 주변에 방해받지 않고 잠시라도 고요하게 숫자 읽기에만 집중할 수 있는 시간이 좋은데, 그만큼 짧은 시간이라도 집중해서 숫자 읽기 훈련을 하는 것이 중요합니다. 또한 하루 중 시작과 끝을 '숫자 리딩'으로 정돈한다면, 낮 동안 생활하면서 자주 겪게 되는 평소의 고충들이 숫자 리딩을 통해 얼마나 잘 개선되는지 관찰해볼 수 있습니다.

2 ʼ1 ʼ2 8 4 7 ʼ2

4 8 5 4 1 3 8

1 3 7 8 ʼ2 8 8

8 3 0 5 5 2 6

0 '2 3 1 2 0 2

7 7 5 5 1 3 2

4 '2 8 0 2 6 4

6 9 1 6 '1 2 '2

3 4 3 0 0 7 '2

3 8 9 0 5 3 4

5 5 2 6 2 '1 '2

2 '2 4 0 1 4 '2

6 2 4 0 8 5 7

8 '1 9 6 5 1 3

5 6 '1 0 4 6 3

8 7 7 '2 8 9 0

0 4 '2 8 5 5 6

7 '1 2 '2 4 0 6

5 5 0 3 6 2 2

7 2 3 '1 3 0 0

4 9 5 3 2 3 0

18

1 2 4 5 6 6 9

3 '1 9 1 3 2 5

'2 6 '1 5 2 7 5

'2 8 9 1 3 8 6

2 5 2 9 '2 4 2

'1 '2 4 1 '1 9 2

7 '1 1 '2 6 8 0

9 8 6 8 3 4 6

6 3 8 '2 2 9 6

기적의 숫자 리딩

그것이 알고 싶다!
전문가에게 묻는 Q&A

꼭 매일매일 해야만 효과가 있나요? 계속 하다가 중간에 멈추면 어떻게 되나요?

인간의 뇌는 '꾸준함'이라는 일정한 리듬을 유지할 때 가장 안정적으로 학습능력을 발휘합니다. 하루에 단 10분이라도 좋으니 빠뜨리지 않고 매일 정해진 시간에 숫자를 읽는 패턴에 익숙해지는 것이 체험의 효과를 극대화할 수 있는 가장 좋은 방법입니다. 가끔씩 중간에 학습을 멈추게 되는 날이 생기더라도, 앞선 흐름을 최대한 이어간다고 생각하시고 30일 학습 주기의 한 사이클을 완수해보는 것이 숫자 리딩을 계속 이어가는데 도움이 되실 겁니다.

1 9 9 8 6 1 '2

3 6 2 4 3 9 8

'2 1 4 8 2 2 8

6 8 4 8 '1 0 0

8 5 9 4 8 6 6

5 '2 '1 8 7 '1 6

5 8 4 '1 4 8 9

7 5 9 7 1 4 5

4 '2 '1 '1 '2 9 5

7 5 9 2 5 8 4

9 2 2 0 2 4 '2

6 9 4 2 1 9 '2

9 6 '1 6 2 8 '1

'1 3 4 2 '1 4 7

8 0 6 6 0 9 7

1 3 7 0 '2 9 7

3 '2 '2 6 9 5 3

'2 7 2 0 8 0 3

4　5　'2　9　6　1　'2

6　2　5　5　3　9　8

3　9　7　9　2　2　8

3 '2 '1 '2 '2 8 9

5 9 4 8 9 4 5

2 4 6 '2 8 9 5

6 ’2 1 9 3 2 2

8 9 6 5 ’2 0 0

5 4 8 9 ’1 3 0

1 8 2 7 7 0 '1

3 5 7 3 4 6 7

'2 '2 9 7 3 '1 7

ANTI-STRESS

2

스트레스,
우울함과 화를
다스리는 코드

스트레스

과도한 스트레스는 긴장할 때 생성되는
호르몬의 과잉을 초래한다. 이는
교감신경계를 지속적으로 자극하여
인체를 더욱 예민하게 하고, 사소한 것에도
스트레스를 받는 악순환을 만들게 된다.
스트레스에 읽는 숫자는 스트레스 호르몬의
생성 및 분비를 조절하고 교감신경계를
안정적으로 조율하는 핵심코드로, 외부
자극에 우리 몸이 알맞게 반응할 수 있도록
유도해준다.

효과를 10배 이상 높이는 터치 포인트

숫자를 읽기 전에 하단의 세 점혈을 자극해주자.
좌우는 구별없이 자극해주면 되고,
방법은 손가락으로 자주 눌러주거나 자석밴드나 일반 스티커,
혹은 셀로판테이프 등을 붙여도 상관없다.

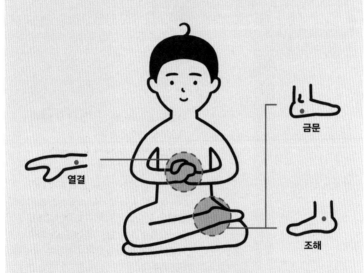

1 4 6 '2 4 4 '2

4 9 2 '2 7 1 '1

0 5 8 4 7 5 9

6 4 8 9 7 4 1

9 9 4 9 0 1 '2

3 5 0 1 0 5 0

9 2 1 1 2 4 7

'2 7 9 1 5 1 6

6 3 3 5 5 5 4

4 8 '2 3 7 8 4

7 1 8 3 0 5 3

1 9 2 7 0 9 1

4　'2　6　7　3　'1　1

7　5　2　7　6　8　'2

1　1　8　'1　6　'2　0

6　4　'2　7　4　3　9

9　9　8　7　7　'2　8

3　5　2　'1　7　4　6

'1 1 9 5 1 7 5

2 6 5 5 4 4 4

8 2 '1 9 4 8 2

'1 5 7 0 1 6 1

2 0 3 0 4 3 '2

8 6 9 2 4 7 0

3 7 7 3 0 2 '2

6 '2 3 3 1 '1 '1

'2 8 9 7 1 3 9

6 4 1 '2 6 2 7

9 9 9 '2 9 '1 6

3 5 3 4 9 3 4

그것이 알고 싶다!

전문가에게 묻는 Q&A

30일치를 다 하면 그 다음엔 어떻게 하나요? 아무 날이나 처음부터 시작하면 될까요?

『기적의 숫자 리딩』에는 날짜와 상관없이 30일을 주기로 숫자 읽기를 반복했을 때 최적의 효과를 발휘할 수 있도록 특별한 알고리즘이 설정되었습니다. 때문에 30일 동안 한 주기의 학습을 완수하셨다면, 다시 첫째 날의 숫자판부터 시작해 순서대로 날짜를 밟아가면서 30일 주기의 훈련을 반복하시면 됩니다. 마치 눈사람을 만들 때 작은 심지부터 만들고 차차 그것을 굴려가며 눈덩이가 불어나는 것처럼, 30일 주기의 학습이 차례대로 반복되었을 때 점점 더 학습효과가 누적되면서 극대화가 되는 과정이라고 생각하시면 됩니다. 또한 30일 주기와 상관없이 매일매일 달라지는 일일 상응계수로 숫자 리딩을 하고 싶은 분들은 〈월간 방하〉의 날짜별 숫자 코드를 활용하는 방법도 있습니다.

4 3 9 7 3 7 8

7 8 5 7 6 4 7

1 4 '1 '1 6 8 5

0 7 7 4 4 2 2

1 '2 3 4 7 '1 1

7 8 9 8 7 3 '1

6 4 5 9 1 6 '2

9 9 1 9 4 3 '1

3 5 7 1 4 7 9

5 '2 6 9 4 3 '2

8 5 2 9 7 '2 '1

2 1 8 1 7 4 9

8 6 1 9 7 5 3

'1 '1 9 9 0 2 2

5 7 3 1 0 6 '2

기적의 숫자 리딩

0 '1 4 '1 7 9 6

1 4 '2 '1 0 6 5

7 '2 6 3 0 0 3

7 9 7 2 5 2 0

0 2 3 2 8 '1 9

4 0 9 6 8 3 7

기적의 숫자 리딩

3 6 1 4 5 6 5

6 '1 9 4 8 3 4

'2 7 3 8 8 7 2

2 '2 6 '2 2 8 2

5 5 2 '2 5 5 1

'1 1 8 4 5 9 '1

9 3 0 '1 5 8 6

'2 8 6 '1 8 5 5

6 4 '2 3 8 9 3

기적의 숫자 리딩

그것이 알고 싶다!

전문가에게 묻는 Q&A

허리가 아파서 앉아 있지 못하는데 누워서 해도 될까요?

원론적으로는, 어떻게든 편하게 숫자 리딩에 집중할 수만 있다면 걸으면서든 서서든 앉아서든 누워서든 자세는 크게 상관없습니다. 다만 자세에 따라서 집중력, 지구력 등의 신체능력의 편차가 크기 때문에 초보자는 가급적 의자 등에 의지해서라도 앉은 자세로 집중해서 익히는 것을 권장합니다. 처음 시작하시는 분들에게 기본적인 정자세를 권장하는 까닭은 하체를 최대한 안정적으로 유지한 상태에서 허리를 반듯하게 세우고 시선을 고정한 채 숫자 읽기에 집중하면 보다 더 몰입하기가 쉽고 학습과정에 나타날 수 있는 신체적인 저항이 가장 적기 때문입니다.

3 1 6 7 5 1 8

6 6 2 7 8 0 7

'2 2 8 '1 8 2 5

기적의 숫자 리딩

8 '2 1 7 0 0 6

'1 5 9 7 1 7 5

5 1 3 '1 1 '1 3

7 '2 1 0 3 8 5

0 5 9 0 6 5 4

4 1 3 2 6 9 2

9 9 6 1 4 8 '2

'2 2 2 1 7 5 '1

6 0 8 5 7 9 9

'1 0 8 5 1 8 7

2 3 4 5 4 5 6

8 '1 0 9 4 9 4

3 7 4 9 '1 9 3

6 '2 '2 9 2 6 2

'2 8 6 1 2 0 '2

6 9 9 8 5 1 8

9 2 5 8 8 0 7

3 0 '1 '2 8 2 5

5 4 8 '1 '1 8 5

8 9 4 '1 2 5 4

2 5 0 3 2 9 2

8 4 0 8 2 2 0

'1 9 6 8 5 '1 9

5 5 '2 '2 5 3 7

3 '2 '1 6 6 0 7

6 5 7 6 9 7 6

'2 1 1 0 9 '1 4

GOOD RECALL

3

집중력·기억력,
주의산만과 건망증을
없애는 코드

집중력과 기억력

건망증을 자주 깜빡깜빡 거린다고 하듯이,
학습을 주관하는 뇌신경회로의 전류가
약해질 때 건망증이 잘 발생한다. 특히
집중하지 못하고 산만할 경우 전류가
학습회로를 벗어나 건망증이 쉽게 발생한다.
건망증에 읽는 숫자는 회로 밖으로
새어나가는 전류를 잡아주는 핵심코드로,
기억작용에 필요한 학습회로의 전류를
지속적으로 유지할 수 있도록 도와준다.

효과를 10배 이상 높이는 터치 포인트

숫자를 읽기 전에 하단의 세 점혈을 자극해주자.
좌우는 구별없이 자극해주면 되고,
방법은 손가락으로 자주 눌러주거나 자석밴드나 일반 스티커,
혹은 셀로판테이프 등을 붙여도 상관없다.

외관

곤륜

현종

3 9 2 '2 '1 7 1

9 2 '2 4 2 '2 1

0 9 '1 5 4 6 '2

8 9 4 9 2 7 2

2 2 2 1 5 '2 2

3 9 1 2 7 6 1

'1 7 9 1 9 7 8

5 '2 7 5 '2 '2 8

6 7 6 6 2 6 7

6 1 8 3 2 '1 5

'2 6 6 7 5 4 5

1 1 5 8 7 0 4

6 5 2 7 0 2 2

'2 0 '2 '1 1 7 2

1 5 '1 '2 3 1 1

8 9 8 7 '1 6 0

2 2 6 '1 2 '1 0

3 9 5 '2 4 5 9

1 6 5 5 8 0 6

7 '1 3 9 '1 3 6

8 6 2 0 1 9 5

1 0 3 0 8 9 2

7 3 1 2 '1 2 2

8 0 '2 3 1 8 1

5 '2 3 3 5 5 1

'1 5 1 7 8 0 1

'2 '2 '2 8 0 4 '2

8 9 9 '2 1 5 8

2 2 7 4 4 0 8

3 9 6 5 6 4 7

그것이 알고 싶다!

전문가에게 묻는 Q&A

저는 여러 가지 고충에 시달리는데요, 2~3가지 고충에 관한 '숫자 리딩'을 동시에 해도 상관없나요?

네 괜찮습니다. 숫자처방은 여러 가지를 동시에 학습한다고 해서 서로 충돌하거나 어떠한 부작용도 발생하지 않습니다. 다만 처음부터 욕심을 내어 여러 숫자판을 동시에 오고가게 되면 쉽게 흥미를 잃을 수도 있고 숫자 또한 서로 헷갈리기 쉬우므로 단순히 숫자를 암기하는 데에만 그 노력이 그칠 수 있습니다. 따라서 먼저 가장 관심이 가는 유형의 숫자판을 충실히 학습하시면서 해당 숫자 리딩에 어느 정도 익숙해졌다고 느끼셨을 때 다른 고충 유형에까지 학습반경을 넓혀 가시는 것이 더욱 효과적인 학습과정이 될 것이라 생각됩니다.

6 8 5 7 0 0 9

'2 1 3 '1 1 3 9

1 8 2 '2 3 9 8

'2 '2 3 4 '1 5 3

6 5 1 8 2 0 3

7 '2 '2 9 4 4 2

8 9 1 9 8 9 1

2 2 '1 1 '1 2 1

3 9 0 2 1 8 '2

7 5 2 9 '1 6 1

1 0 '2 1 2 '1 1

2 5 '1 2 4 5 '2

0 '1 9 9 2 8 4

4 4 7 1 5 1 4

5 '1 6 2 7 7 3

'2   4   '2   '1   2   '2   7

6   9   0   3   5   5   7

7   4   9   4   7   '1   6

9 2 3 2 '2 5 '1

3 7 1 6 3 0 '1

4 2 '2 7 5 4 0

5 '1 9 4 '2 9 6

'1 4 7 8 3 2 6

'2 '1 6 9 5 8 5

4 5 2 '2 9 '1 3

0 0 '2 4 '2 4 3

'1 5 '1 5 2 0 2

'1 8 6 '1 '2 '1 7

5 1 4 3 3 4 7

6 8 3 4 5 0 6

기적의 숫자 리딩

그것이 알고 싶다!

전문가에게 묻는 Q&A

병치레가 많은 미국에 사는 사촌동생에게 이 책을 소개하고 싶은데요, 그 아이가 한국어를 못합니다. 영어로 읽어도 괜찮은가요? 그렇다면 외국인들은 어떻게 읽어야 하나요?

네 괜찮습니다. 아라비아숫자는 만국 공통어이기 때문에 각국의 언어에 따라 소리 내어 읽는 방식이 다르더라도 해당 숫자를 인식하는 것은 완전히 동일합니다. 따라서 영어권 국가의 학습자의 경우, 한글로 12개의 숫자 코드를 읽는 방법과 마찬가지로, 1은 '일'이 아니라 '원'으로 읽고, 9는 '나인'으로, 0은 '제로'로, '1은 '원원'으로, '2는 '원투'로 읽기 훈련을 진행하시면 됩니다. 중국어나 일본어 등 기타 다른 언어로 학습하는 방식 역시 이와 동일합니다.

5 6 2 7 '2 4 9

'1 '1 '2 '1 3 9 9

'2 6 '1 '2 5 3 8

0 5 9 7 5 1 7

4 0 7 '1 8 6 7

5 5 6 '2 0 '2 6

9 5 9 0 0 '1 6

3 0 7 2 1 4 6

4 5 6 3 3 0 5

'1 2 2 1 '1 '1 1

5 7 '2 5 2 4 1

6 2 '1 6 4 0 '2

1 3 4 5 8 '1 8

7 8 2 9 '1 4 8

8 3 1 0 1 0 7

5 '2 '2 9 6 '2 4

'1 5 0 1 9 5 4

'2 '2 9 2 '1 '1 3

8 2 5 8 '2 4 9

2 7 3 '2 3 9 9

3 2 2 1 5 3 8

7 9 4 '1 6 '1 6

1 2 2 3 9 4 6

2 9 1 4 '1 0 5

0 9 6 8 9 5 '1

4 2 4 '2 '2 0 '1

5 9 3 1 2 4 0

5 5 7 6 1 1 8

'1 0 5 0 4 6 8

'2 5 4 '1 6 '2 7

ENERGY REFILL

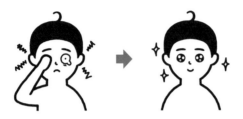

눈의 피로,
시력을 회복시키고
만성피로를 날리는 코드

눈과 몸의 피로

눈은 인체 중 신경과 혈관이 가장 밀도
있게 형성된 기관으로, 이는 섬세한 안구
운동과 시지각 작용을 가능하게 한다.
시력 저하에 읽는 숫자는 눈 곳곳에 분포된
미세혈관에까지 혈액과 영양분을 공급하고
노폐물을 제거하는 핵심코드로, 시각 정보가
왜곡 없이 온전하게 두뇌로 전달되도록
만든다. 더불어 떨어진 시력을 회복시켜
피로감을 덜어준다.

효과를 10배 이상 높이는 터치 포인트

숫자를 읽기 전에 하단의 세 점혈을 자극해주자.
좌우는 구별없이 자극해주면 되고,
방법은 손가락으로 자주 눌러주거나 자석밴드나 일반 스티커,
혹은 셀로판테이프 등을 붙여도 상관없다.

'2 9 2 '2 6 '2 4

'1 0 1 '2 7 6 5

8 '1 '1 '2 3 '2 '2

5 9 4 9 9 '2 5

4 0 3 9 0 6 6

1 '1 1 9 6 '2 1

8 7 9 1 4 '2 '1

7 8 8 1 5 6 '2

4 9 6 1 1 '2 7

3 1 8 3 9 4 8

2 2 7 3 0 0 9

'1 3 5 3 6 4 4

3 5 2 7 5 7 5

2 6 1 7 6 1 6

'1 7 '1 7 2 7 1

5 9 8 7 6 '1 1

4 0 7 7 7 5 2

1 '1 5 7 3 '1 9

0 6 5 5 3 3 9

9 7 4 5 4 9 0

6 8 2 5 '2 3 5

0 0 3 0 3 2 5

9 '1 2 0 4 8 6

6 '2 '2 0 '2 2 1

2 '2 3 3 '2 0 4

1 1 2 3 1 4 5

0 2 '2 3 9 0 '2

5 9 9 '2 8 0 '1

4 0 8 '2 9 4 '2

1 '1 6 '2 5 0 7

그것이 알고 싶다!
전문가에게 묻는 Q&A

저희 어머니는 필사 하시는 걸 좋아하는데요, 숫자를 읽지 않고 따라 써도 효과가 있나요? 그리고 듣는 것도 효과가 있다고 해서 저는 녹음해두고 출근 시간마다 듣는데, 이것도 효과가 있을까요?

네. 사람이 오감을 통해 정보를 학습하는 체계는 크게 다섯 가지 채널이 있습니다. 읽기, 쓰기, 듣기, 걷기, 보기가 그것인데, 각각의 채널은 동시적이고 전방위적으로 움직이면서 일상적으로 정보를 처리합니다. 가장 기본적인 학습방식인 읽기뿐만 아니라 쓰기나 듣기 역시 많은 장점을 가지고 있는 학습법입니다. 따라서 해당하는 숫자를 반복해서 쓰거나, 자신이 숫자를 읽는 소리를 녹음하여 자주 듣고 다니는 방식도 충분히 효과를 체험해볼 수 있는 좋은 방법입니다. 읽기와 함께 위 방법들을 병행하신다면 더욱 안정적이고 두터운 학습이 가능합니다.

3 8 5 7 5 3 '2

2 9 4 7 6 9 1

'1 0 2 7 2 3 8

9 '2 3 4 6 0 6

8 1 2 4 7 4 7

5 2 '2 4 3 0 2

5 9 1 9 3 2 4

4 0 '2 9 4 8 5

1 '1 0 9 '2 2 '2

4 5 2 9 6 ʼ1 4

3 6 1 9 7 5 5

ʼ2 7 ʼ1 9 3 ʼ1 ʼ2

7 '1 9 9 9 1 7

6 '2 8 9 0 7 8

3 1 6 9 6 1 3

9 4 '2 '1 9 5 0

8 5 '1 '1 0 '1 '1

5 6 9 '1 6 5 6

6 2 3 2 7 0 2

5 3 2 2 8 4 3

2 4 '2 2 4 0 0

2 '1 9 4 7 2 9

1 '2 8 4 8 8 0

0 1 6 4 4 2 5

1 5 2 '2 4 4 6

'2 6 1 '2 5 0 7

9 7 '1 '2 1 4 2

8 8 6 '1 7 4 0

7 9 5 '1 8 0 '1

4 0 3 '1 4 4 6

눈의 피로

기적의 숫자 리딩

그것이 알고 싶다!
전문가에게 묻는 Q&A

**아침저녁으로 몇 번씩 읽는데도 크게 효과가 없습니다.
방법이 잘못된 걸까요?**

그날 내가 반드시 외워야 하는 전화번호나 계좌번호라고 생각하시고 좀 더 집중력을 높여서 숫자 리딩을 반복해보실 것을 권해드립니다. 우리가 쇼핑을 하더라도 무심코 구경만 다닐 때에는 정말 맘에 드는 물건이 아니면 눈에 잘 들어오지 않다가, 지갑을 두둑하게 하고 반드시 뭐라도 구매할 마음을 가지고 매장을 돌아다니면 이것저것 다양한 물건들이 눈에 들어오고 물건 하나를 봐도 유난히 꼼꼼하게 관찰하게 되는 것처럼, 우리의 시각 역시 마음가짐과 집중도에 따라 단순한 정보를 받아들이는 그 순도에 큰 편차를 보이게 됩니다. 읽기의 순도를 높이기 위해서 조금만 더 노력을 기울여보시면 반드시 그에 상응하는 효과를 체험할 수 있습니다.

2 6 2 7 7 9 '2

1 7 1 7 8 3 1

0 8 '1 7 4 9 8

7 5 9 7 '2 6 0

6 6 8 7 1 '2 '1

3 7 6 7 9 6 6

6 5 9 0 5 4 9

5 6 8 0 6 0 0

2 7 6 0 2 4 5

8 2 2 1 6 4 4

7 3 1 1 7 0 5

4 4 '1 1 3 4 '2

0 3 4 5 3 4 '1

9 4 3 5 4 0 '2

6 5 1 5 '2 4 7

2 '2 '2 9 1 5 7

1 1 '1 9 2 '1 8

0 2 9 9 0 5 3

5 2 5 8 7 9 '2

4 3 4 8 8 3 1

1 4 2 8 4 9 8

4 9 4 '1 1 4 9

3 0 3 '1 2 0 0

'2 '1 1 '1 0 4 5

7 9 6 8 4 0 2

6 0 5 8 5 4 3

3 '1 3 8 1 0 0

2 5 7 6 8 6 '1

1 6 6 6 9 '2 '2

0 7 4 6 5 6 7

SKIN DETOX

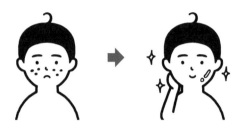

뷰티,
깨끗한 피부와
화사한 안색을 주는 코드

트러블

건강한 피부는 28일을 주기로 새롭게
재생된다. 피부는 인체 가장 바깥에 있는
만큼 손상되기 쉽기 때문에 피부재생능력이
저하되면 탄력이 줄어들고 거칠어지거나
트러블이 발생한다. 피부에 읽는 숫자는
피부재생주기를 바로잡아 주는 핵심코드로,
별도의 화학제품 없이도 자연스럽게
피부조직이 재생될 수 있게 도와 보다
생기있고 밝은 피부톤을 유지하게 해준다.

효과를 10배 이상 높이는 터치 포인트

숫자를 읽기 전에 하단의 세 점혈을 자극해주자.
좌우는 구별없이 자극해주면 되고,
방법은 손가락으로 자주 눌러주거나 자석밴드나 일반 스티커,
혹은 셀로판테이프 등을 붙여도 상관없다.

공손

열결

족임읍

6 9 9 1 '2 '2 1

4 0 3 3 '1 9 '2

9 9 '2 4 9 5 8

'1 9 '1 0 3 '2 2

9 0 5 '2 2 9 1

2 9 2 1 '2 5 9

2 7 4 2 0 '2 8

'2 8 0 4 9 9 7

5 7 7 5 7 5 3

9 1 3 4 3 4 5

7 2 9 6 2 1 4

'2 1 6 7 '2 9 '2

9 5 9 8 '1 7 2

7 6 3 0 0 4 1

'2 5 '2 '1 8 '2 9

'1 9 3 8 '2 '1 0

9 0 9 0 '1 8 9

2 9 6 '1 9 4 5

4 6 '2 6 9 3 6

2 7 6 8 8 '2 5

7 6 3 9 6 8 1

4 0 0 '1 9 2 2

2 '1 4 1 8 '1 1

7 0 1 2 6 7 9

8 '2 0 4 6 0 1

6 1 4 6 5 7 '2

'1 '2 1 7 3 3 8

'1 9 4 1 2 0 8

9 0 0 3 1 7 7

2 9 7 4 '1 3 3

그것이 알고 싶다!
전문가에게 묻는 Q&A

30일치를 모두 해야 효과가 나타나는 건가요? 아니면 사람마다 효과가 나타나는 시기가 다른가요?

효과를 스스로 체감하는 속도와 깊이, 그리고 그 과정은 사람마다 편차가 존재할 수 있습니다. 외적 내적 변화에 다소 둔감하거나 무관심한 사람들이 있는 것처럼, 이는 민감도에 따른 주관적인 편차일 뿐 숫자 리딩 자체가 잘 맞고 안 맞는 사람이 따로 있는 것은 아닙니다. 또한 우리가 피트니스센터 이용권을 끊어도 월(30일)단위로 하는 것처럼, 30일은 바쁜 일상 속에서도 틈틈이 내 몸에 변화를 꾀할 수 있는 최소한의 습관 주기입니다. 뭐든 한 달을 꾸준히 할 수 있다면 그 다음부터는 애초 필요로 했던 효과 이상의 다양한 체험을 하나 둘 맛보실 수 있을 것입니다.

9 8 '2 8 '1 3 9

7 9 6 0 0 '2 8

'2 8 3 '1 8 8 4

3 '2 0 5 '2 0 3

1 1 4 7 '1 7 2

6 '2 1 8 9 3 0

'1 9 8 0 9 2 1

9 0 2 '2 8 '1 '2

2 9 '1 1 6 7 8

0 5 9 0 '2 '1 1

8 6 3 '2 '1 8 '2

1 5 '2 1 9 4 8

1 ′1 4 0 3 1 4

′1 ′2 0 ′2 2 0 3

4 ′1 7 1 ′2 6 ′1

3 4 7 '2 3 5 7

1 5 1 2 2 2 6

6 4 0 3 '2 0 2

'2 2 0 3 1 0 '1

0 3 4 5 '2 7 0

3 2 1 6 0 3 6

8 '1 4 5 1 2 6

6 '2 0 7 '2 '1 5

'1 '1 7 8 0 7 1

7 5 9 1 0 4 3

5 6 3 3 9 1 2

0 5 '2 4 7 9 0

2 8 1 '2 1 4 7

'2 9 7 2 '2 1 6

5 8 4 3 0 9 2

기적의 숫자 리딩

그것이 알고 싶다!

전문가에게 묻는 Q&A

질병 계통도를 보니 모든 질병에 효과가 있는 것 같은데요, 실제로 관절염이나 당뇨, 고혈압 같은 몸의 질병에도 효과가 있나요?

모든 질병 현상은 인체 표준좌표에서 벗어난 미세한 전기적 에너지 흐름들이 서로 경로를 잃고 간섭, 마찰, 충돌하는 것에서 비롯됩니다. 숫자처방은 일정한 주기에 따라 표준적인 건강좌표계를 설정하고, 각 질병 유형별로 그 이상반응이 표준좌표계에서 얼마만큼의 변이와 변성이 일어난 것인지를 정밀하게 계산하여, 그 오차만큼 인체가 스스로 표준분포를 회복할 수 있도록 하는 편차조율계수를 제시하는 학습프로그램입니다. 따라서 수 만 가지 이상의 각종 고충이나 질병에 가장 안전하고 정밀하게 대응이 가능합니다.

8 6 9 8 1 9 9

6 7 3 0 '2 6 8

'1 6 '2 '1 0 2 4

1	5	4	8	6	6	7
'1	6	0	0	5	3	6
4	5	7	'1	3	'1	2

'2 5 4 '1 '1 4 6

0 6 0 1 0 1 5

3 5 7 2 8 9 1

2 2 9 2 '2 4 1

'2 3 3 4 '1 1 '2

5 2 '2 5 9 9 8

4 3 '1 6 9 4 8

2 4 5 8 8 1 7

7 3 2 9 6 9 3

8 '2 7 0 7 5 4

6 1 1 '2 6 2 3

'1 '2 0 1 4 0 '1

'1 2 '2 9 1 9 9

9 3 6 '1 '2 6 8

2 2 3 '2 0 2 4

0 9 '1 '2 7 4 6

8 0 5 2 6 1 5

1 9 2 3 4 9 1

1 9 1 9 0 0 '1

'1 0 7 '1 9 7 0

4 9 4 '2 7 3 6

8 5 2 7 2 6 8

6 6 8 9 1 3 7

'1 5 5 0 '1 '1 3

참여한 사람들

유상(幽爽) 박병원
차서신호체계연구소 설립자

한국사회개발원, 방하창업학교, 차서신호체계연구소 설립자. 세계최초의 신호학 저널인 〈월간 방하〉의 발행인. '건강하고 튼튼한 세상 만들기'를 기치로 '차서학(次序學)'을 중심으로 한 독자적인 '우리학문체계'를 연구개발 및 전수와 보급에 힘쓰고 있다. '격팔상생역침(隔八相生易鍼)'을 개발하여 EU, 중국 등에 국제특허를 받았고, 이를 바탕으로 '마을병원 만들기', '국제 전수체계', '명의학교' 운동을 전개해오고 있으며, 차서신호체계에 바탕 한 '생리기전 활성화장치(Health on a Chip)'를 개발하여 다가오는 '전자약(Electroceutical)' 시대를 선도하고 있다. 또한 '브레인 커넥톰(Brain Connectome)'에 기반한 '매스밴드(Math Band)', '매스뮤직(Math Music)' 등을 개발하여, 예방의학과 평생학습, 인간개발 분야의 '웨어러블 소프트웨어(Wearable Software)'의 전방위적 보급에 힘쓰고 있다. 뿐만 아니라 '차서레시피'를 개발하여 건강하고 우수한 식량자원의 대중적 보급과 독자적인 천연물 신약 개발 및 가공기술에 바탕 한 '생산체계' 구축에 힘쓰고 있다.

박병규 인력개발실장

차서신형(身形) 차서포인트(POINT) 부문 임상연구 및 실기지도를 담당하고 있다. 10여년이 넘는 기간 동안 일선 현장에서 수 만 건의 임상수련(Case)을 지도하였으며, 현재까지 수리율려(숫자 리딩) 1대1 퍼스널 트레이닝을 통한 각종 치병, 재활, 본사 프로그램을 활발히 진행해 오고 있다.

권일 우리학문 사업본부장

차서전자약 부문 임상사례연구 및 관련한 국내외 사업진행을 담당하고 있다. 사물인터넷이라는 말이 등장하기 이전부터 숫자 코드 신호체계를 몸에 직접 바르고, 붙이고, 착용하고 할 수 있는 '웨어러블 매소드(Wearable Method)'에 관한 다양한 시도들을 제작현장 최 일선에서 진두지휘해오고 있다.

김준배 교육실장

차서경행(經行), 차서브레인 학습능력 부문 임상연구 및 실기지도를 담당하고 있다. 동양전통 무도(武道)에 대한 해박한 식견과 오랜 체험으로, 10여년 이상 숫자 코드 감응을 통한 바르게 걷기를 대중적으로 보급 및 지도해왔으며, 기업가, 전략가, 지식산업종사자 등에게 요구되는 인지학습능력 개발을 위한 브레인 훈련프로그램을 진행해오고 있다.

배영순 연구원

영남대학교 명예교수. 차서경세학교에서 차서학의 연원과 지향, 그 교육학적 활용 및 시대사적 의의 등을 연구하는 저술활동과 마을학교사업을 진행해오고 있다. 〈문화일보〉에 '방하 한생각' 칼럼을 3년 동안 연재하였으며, 현재까지 매주 차서교실을 열고 차서학의 대중적 보급에 힘쓰고 있다.

이윤갑 연구원

계명대학교 교수, 차서우리학문 분과 전문 연구원

김현철 연구원

한양대 교수, 차서오감학습 분과 전문 연구원

최정선 연구원

정서 행동치료사, 차서음악(Music & Mental) 분과 전문 연구원

신원식 연구개발실장

차서레시피(Recipe) 분과 전문 연구원

조보현 연구원

변호사, 차서자연법 분과 전문 연구원

김현우 연구원

한의사, 차서곤륜도 분과 전문 연구원

그밖의 객원 연구원 소개

김영훈 교육공학 박사

조용훈 전자공학 박사

김민우 컴퓨터프로그래머

한충희 한의사, 예방의학박사

장관호 한의사, 재활의학박사

윤강대 한의사, 체육교육학석사

유준규 한의사

이상엽 한의사

유창석 한의사

강진우 한의사

김은영 한의사

손모아 한의사

임미림 한의사

김명훈 한의사

장현석 한의사

구창영 한의사

심승용 한의사

정영엽 한의사

손종수 한의사

김병현 한의사

이훈석 한의사

참고 자료

황제내경(黃帝內經)

난경(難經)

회남자(淮南子)

여씨춘추(呂氏春秋)

삼명통회(三命通會)

하락리수(河洛理數)

황극경세서(皇極經世書)

홍범황극(洪範皇極)

악학궤범(樂學軌範)

율려신서(律呂新書)

유식30송(唯識三十頌)

성유식론(成唯識論)

『커넥톰, 뇌의 지도』, 승현준 지음, 신상규 옮김, 김영사, 2014

『오감 프레임』, 로렌스 D. 로젠블룸 지음, 김은영 옮김, 21세기북스, 2011

『센세이션』, 살마 로벨 지음, 오공훈 옮김, 시공사, 2014

『감각의 여행』, 존 H. 헨쇼 지음, 김정은 옮김, 글항아리, 2015

『감각 측정에 관한 베버 페히너 법칙 이야기』, 최행진 지음, 전파과학사, 2013

『감각 운동 지각 훈련』, 강수균 외 지음, 대구대학교출판부, 2004

『기초 이동현상론』, David G. Foster 외 지음, 김성현·김일원·김종학·김희택 외 3명 옮김, 김성현·김일원·김종학·김희택·신종식·이용택·홍성욱 감수, 범한서적, 2016

『뇌, 생각의 출현』, 박문호 지음, 휴머니스트, 2008

『바이오 코드』, 던 필드 닐 데이비스 지음, 김지원 옮김, 반니, 2015

『생명을 읽는 코드, 패러독스』, 안드레아스 바그너 지음, 긴상우 옮김, 와이즈북, 2012

『양자역학의 법칙』, Transnational College of LEX 지음, 강현정 옮김, 곽영직 감수, GBRAIN, 2011

『생태학의 법칙, 이론과 패턴』, Walter K. Dodds 지음, 김기대 옮김, 한국학술정보, 2014

『동식물의 수학적 설계』, 이정자 지음, 북스힐, 2015

『생명과학을 위한 수학 1, 2』, 강혜정 지음, 경문사, 2011

『생명의 수학적 이해』, 이정자·이현우 지음, 경문사, 2015

『생명의 수학』, 이언 스튜어트 지음, 안지민 옮김, 사이언스북스, 2015

『수, 과학의 언어』, 조지프 마주르 토비아스 단치히 지음, 권혜승 옮김, 한승, 2008

『자연의 패턴』, 이언 스튜어트 지음, 김동광 옮김, 사이언스북스, 2014

『수리생물학 입문』, Lina J. S. Allen Allen 지음, 오춘영·강용한·장성각 옮김, 교우사, 2014

『비선형 동역학, 수리생물학과 사회과학』, 조슈아 엡스틴 지음, 장성각·오영선 옮김, 경문사, 2012

『시스템 생물학』, 조광현 지음, 홍릉과학출판사, 2013

『생물반응공학』, 야마네 쓰네오 지음, 이용우 옮김, 홍릉과학출판사, 2012

『텐서와 연속체역학』, 김영석 지음, 홍릉과학출판사, 2014

『전자재료물성 및 소자공학』, S. O. Kasap 지음, 박정호 윤영섭 이상렬 옮김, 홍릉과학출판사, 2012

『신호탐지론』, NEIL A. MACMILLAN C. DOUGLAS CREELMAN 지음, 이재식 옮김, 시그마프레스, 2010년

『신호 및 시스템의 이해』, 이상희 지음, 홍릉과학출판사, 2014

『C로 배우는 알고리즘 1, 2』, 이재규 지음, 세화, 2013

『스칼라로 배우는 함수형 프로그래밍』, 폴 키우사노 루나르 비아르드나손 지음, 류광 옮김, 제이펍, 2015

『선형, 비선형 회로와 시스템』, 박광현 지음, 학진북스, 2009

『벡터해석기하와 MATHEMATICA』, 김향숙 외 지음, 교우사, 2000

『행렬대수』, 민만식 지음, 자유아카데미, 2013

『벡터와 행렬』, 정재명 외 지음, 서울대학교출판부, 1997

〈Representation of the Numerosity "zero" in the Parietal Cortex of the Monkey〉 by S. Okuyama, T. Kuki, H. Mushiake Scientific Reports 2015.5(open access E-journal from nature)

Margaret S. Livingstone, 〈Symbol addition by monkeys provides evidence for normalized quantity coding〉, Proceedings of the National Academy of Sciences of the United States of America

〈Sound waves delay tomato fruit ripening by negatively regulating ethylene biosynthesis and signaling genes〉, Postharvest Biology and Technology, Volume 110, December 2015, Pages 43–50

〈Vernetzte Intelligenz〉 by Grazyna Fosar, Franz Bludorf

〈A framework for Bayesian optimality of psychophysical laws〉, Journal of Mathematical Psychology, Volume 56, Issue 6, December 2012, Pages 495–501

〈A Brain Area for Visual Numerals〉, The Journal of Neuroscience, 17 April 2013, 33(16): 6709-6715; doi: 10.1523/JNEUROSCI.4558-12.2013

〈Scientific American Mind Magazine January〉, 2014

〈The Annual Review of Neuroscience〉, 2009. 32:185–208; 10.1146/annurev. neuro.051508.135550

기적의 숫자 리딩

1판 1쇄 발행 2016년 4월 1일

1판 8쇄 발행 2019년 12월 8일

지은이 차서신호체계연구소

일러스트 김성연

발행인 강선영 · 조민정

펴낸곳 (주)앵글북스

출판등록   2014. 12. 5 (제2015-000058호)

주소   서울시 종로구 사직로 8길 34, 경희궁의아침3단지 407호

전화   02-6261-2015

팩스   02-6261-2020

메일   contact.anglebooks@gmail.com

ISBN 979-11-956149-2-9 03320